Röngen/Manekeller
Briefe, die werben und verkaufen

Briefe, die werben und verkaufen

von
Rainer Röngen
und
Wolfgang Manekeller

WRS VERLAG WIRTSCHAFT, RECHT UND STEUERN

CIP-Titelaufnahme der Deutschen Bibliothek

Röngen, Rainer:
Briefe, die werben und verkaufen: mit Tips zum Texten und 70 erfolgreichen Werbebriefen / von Rainer Röngen u. Wolfgang Manekeller. – Planegg/München: WRS, Verl. Wirtschaft, Recht u. Steuern, 1989
　(WRS-Mustertexte für die Praxis)
　ISBN 3-8092-0567-2
NE: Manekeller, Wolfgang

ISBN 3-8092-0567-2　　　　　　　　　　　　　　　　Bestell-Nr. 07.15

© 1989, WRS Verlag Wirtschaft, Recht und Steuern, GmbH & Co., Fachverlag, 8033 Planegg/München, Fraunhoferstraße 5, Postfach 13 63, Tel. (0 89) 8 57 79 44

Alle Rechte, auch die des auszugsweisen Nachdrucks, der fotomechanischen Wiedergabe (einschließlich Mikrokopie) sowie der Auswertung durch Datenbanken oder ähnliche Einrichtungen vorbehalten.

Satz + Druck: Schoder Offsetdruck, Gutenbergstraße 12, 8906 Gersthofen

Inhaltsverzeichnis

		Seite
1	Vorwort	7
2	Der Werbebrief im Umfeld der Geschäftskorrespondenz	9
3	Wirken Werbebriefe Wunder?	10
4	Drei Wege, die zum Kunden führen	13
5	Haben meine Werbebriefe Stil?	14
6	Wie sollte der Werbebrief gestaltet sein?	16
7	Werbebriefe für jeden Anlaß	19
8	**Geschäftseröffnung**	27
8.1	Neueröffnung	27
8.2	Eröffnung nach Modernisierung	30
8.3	Eröffnung nach Umzug	32
9	**Sonderaktionen**	34
9.1	Preisausschreiben	34
9.2	Bekannte Persönlichkeiten und Unternehmen	36
10	**Erweiterung der Unternehmensleistung**	39
10.1	Ergänzung und Umstellung des Angebotes	39
10.2	Verbesserter Service	44
11	**Briefe zur Messe**	48
11.1	Einladungen	48
11.2	Nachfaßbriefe	54
12	**Presseinformationen**	56
13	**Besondere Anlässe**	61
13.1	Weihnachten und Neujahr	61
13.2	Ostern	64
13.3	Valentinstag	66
14	**Gratulationen und Glückwünsche an Stammkunden**	68
14.1	Weihnachten und Neujahr	68
14.2	Geburtstag	70
14.3	Firmenjubiläum	72

15	**Ihre Geschäftspost – Werbebriefe, die nichts kosten**	**74**
15.1	Begleitbrief zur Rechnung	74
15.2	Angebotsunterstützung nach Vertreterbesuch gegen die Konkurrenz	75
15.3	Auftragsbestätigung	76
15.4	Lieferverzug	77
15.5	Reklamationsbeantwortung	78
15.6	Anmahnung einer Auftragsausführung	80
15.7	Mahnung	81
16	**10 Tips für Ihren erfolgreichen Werbebrief**	**82**
17	**Stichwortverzeichnis**	**83**

1 Vorwort

Liebe Leserin, lieber Leser,

für Sie, für Ihren alltäglichen Bedarf haben wir die werbenden Briefe in diesem Band zusammengestellt – Briefe recht unterschiedlichen Stils und mit sehr verschiedenem Inhalt. Es mag also sein, daß Sie für diesen oder jenen Zweck genau den richtigen Text für sich finden. Aber bedenken Sie bitte: Die Schreibanlässe im Wirtschaftsleben sind so vielfältig, daß weder ein kleines noch ein großes Buch dieser Art für jede Situation etwas bieten kann. Also geht gar nicht, was man sich wünscht?

Es geht, aber auf etwas andere Weise. Ich möchte zum Beispiel zur Eröffnung eines Filialbetriebes gratulieren. Was sagt dieses Buch? Nichts. Der Fall kommt nicht vor. Aber der Fall „Firmenjubiläum", der ist sofort gefunden. Und wenn Sie sich diesen Brief ansehen, werden Sie feststellen: Fast alles, was dort steht, ist auch für mein Spezialthema verwendbar; ich muß es nur um ein paar Zeilen ergänzen.

Das heißt, wir können Texte dieser Briefe auch wie Textbausteine in eine andere Umgebung versetzen und so die erforderliche Formulierarbeit erleichtern.

Eine weitere Möglichkeit, dieses Buch zu benutzen, sieht so aus: Sie haben ein bestimmtes Briefthema, das in diesem Buch nicht vorkommt, und Sie finden auch keinen ähnlichen Mustertext, dem Sie „Bausteine" entnehmen könnten. Was nun? Lesen Sie einfach ein paar Briefe aus ähnlichen oder benachbarten Inhaltsbereichen. Was passiert? Der Stil des Gelesenen färbt ab, regt Sie an, Sie werden auf Ihre Aufgabe eingestimmt. Und schon wird es Ihnen gelingen, anzufangen und in Ihren Text hineinzufinden.

Um Ihnen auch das zu erleichtern, haben wir in den Kapiteln 2 bis 6 einige Überlegungen angestellt, die Grundsätzliches betreffen. Dieser praxisorientierte theoretische Teil gibt Ihnen Ratschläge fürs eigene Texten.

Und nun können wir Ihnen für Ihre Arbeit nur noch eins wünschen: Freude und ein bißchen Mut, denn beides gehört dazu, wenn man Erfolg haben will.

Rainer Röngen
Wolfgang Manekeller

2 Der Werbebrief im Umfeld der Geschäftskorrespondenz

Eine Erfahrung, die jeder einmal macht: Sie erhalten einen originellen Werbebrief, brillant formuliert und ideenreich. Sie gewinnen von dem Unternehmen, das Sie umwirbt, einen ausgezeichneten Eindruck: modern, kreativ, dynamisch – wie ein Unternehmen am Ende des 20. Jahrhunderts wirken möchte. Kurzum: bereit fürs nächste Jahrtausend.

Das Produkt interessiert Sie selbstverständlich. Also schicken Sie die Antwortkarte zurück.

Nun kommt die Antwort des Unternehmens. Und mit einem Satz, als gäbe es die Zeitmaschine tatsächlich, geht's um Jahrzehnte zurück:

```
Sehr geehrte ...,

Bezug nehmend auf Ihre Antwort vom 12.03.19..,
möchten wir Ihnen mitteilen, daß ...
```

Obwohl zwischen Werbebrief und der alltäglichen Korrespondenz nur zwei Wochen liegen, in Wirklichkeit trennen sie Jahrzehnte. Der Werbebrief verliert an Glaubwürdigkeit und das Unternehmen an Image.

Als Mitglieder des Institutes für moderne Korrespondenz erleben wir den Widerspruch zwischen Werbung und Korrespondenz-Wirklichkeit fast täglich. Wie gefährlich aber ist diese Diskrepanz? Schlimmstenfalls kann die eigene Geschäftskorrespondenz wie Anti-Werbung auf den Kunden wirken. Dann ist sie sogar geschäftsschädigend.

Den Unternehmen, die wir beraten und in Seminaren betreuen, empfehlen wir, ihre gesamte Korrespondenz als werbende Briefe zu verstehen – vom Angebot bis hin zur Zahlungserinnerung. Eine solche Korrespondenz-Konzeption macht sich bezahlt.

Erst wenn der Werbebrief in einem angemessenen Korrespondenz-Umfeld steht, kommt seine Wirkung tatsächlich zur Geltung. Und erst dann kann aus einem Kunden ein Stammkunde werden.

„Kundenpflege" bedeutet also mehr als Hochglanz-Werbebriefe. Sie verlangt eine kundenorientierte Sprache in allen Bereichen der Kommunikation: in der Korrespondenz, in Telefonaten, in Gesprächen. Schließlich verkauft jedes Unternehmen seine Produkte über Sprache. Und sie ist es auch, die den „sound" eines Unternehmens prägt – für das sensible Ohr des Kunden.

3 Wirken Werbebriefe Wunder?

Nein! Wunder wirken sie sicher nicht. Ein einziger Werbebrief kann kein Kaufbedürfnis schaffen, er kann es höchstens wecken. Aber Werbebriefe sind unerläßliche Verkaufshelfer.

Stellen Sie sich bitte vor: Jemand geht durch den Wald so für sich hin. Dabei kommt er auf eine grandiose Idee, wie er die Menschheit mit einem neuen Produkt beglücken könnte. Er beschließt, Objekt-Möbel aus Holz zu bauen. Die besten Hölzer, die der Wald hergibt, besorgt er sich und fertigt die prachtvollsten Objekt-Möbel weit und breit. Nun wartet er auf seine ersten Kunden. Doch niemand wendet sich an ihn, um endlich auch in den Genuß eines Objekt-Möbels zu kommen.

Unser junger Unternehmer hat leider nicht daran gedacht, der Welt mitzuteilen, daß es ihn gibt und wo man sein Produkt erhält. Klar, diese Unterlassung kann man leicht beheben. Die Urform des werbenden Briefes sieht dann so aus:

```
Sehr geehrte Damen und Herren,

ab sofort erhalten Sie Objekt-Möbel bei:

Walter Walder
1234 Neuwalden
Buchenweg 6

Mit freundlichen Grüßen

Ihr

Unterschrift
```

Die minimalen Voraussetzungen für einen Werbebrief sind erfüllt. Wir wissen,

1. daß es einen Herrn Walder gibt,
2. wo wir ihn erreichen,
3. daß Herr Walder Objekt-Möbel verkauft.

Doch damit allein kann man noch nicht sicher sein, daß Herr Walder auch genügend Kunden bekommt. Vielleicht kennen ja nur Eingeweihte die Vorzüge von Objekt-Möbeln. Die meisten freilich haben keinen Bedarf an diesem seltsamen Produkt. Genauer: sie können sich noch nicht so recht vorstellen, wozu Objekt-Möbel gut sind.

Der Unternehmer wird einen zweiten Werbebrief entwerfen müssen, in dem er uns sein Produkt wirkungsvoller anpreist:

```
Sehr geehrte Damen und Herren,

es macht sehr viel Arbeit, Objekt-Möbel zu bauen.
Doch wenn ich dann ein Einzelstück gefertigt habe und mir
mein Werk prüfend anschaue, stelle ich erfreut fest: Die
Mühen haben sich gelohnt! Die Verbindung zwischen Kunstob-
jekt und Möbel ist wieder einmal gelungen.

Das lebendige Naturmaterial Holz hat eine unverwechselbare
Form erhalten. Eine Form, mit der sich im Alltag komforta-
bel wohnen läßt und die dennoch den hohen ästhetischen An-
spruch eines Kunstobjektes erfüllt.

Wenn Sie auch der Meinung sind, Wohnkultur bedeute mehr,
als sich zweckmäßig einzurichten, dann schauen Sie sich
bitte in Neuwalden, Buchenweg 6, meine Ausstellung für Ob-
jekt-Möbel an.

Ich bin sicher, Sie werden begeistert sein!

Mit freundlichen Grüßen

Ihr

Unterschrift
```

Was halten Sie von diesem Brief? Einige Werbefachleute werden sofort feststellen, daß er gegen eine wichtige Regel verstößt. Der Brief erzählt mehr über Herrn Walder und dessen Produkt als von den Vorteilen, die der Kunde von Objekt-Möbeln hat. Der Brief sei nicht – so könnte man einwenden – kundenorientiert verfaßt.

Doch unterschlagen wir nicht die Vorzüge dieses Schreibens. Es sieht überhaupt nicht aus wie ein Werbebrief. Schon dadurch hat es Chancen, gelesen zu werden. Darüber hinaus stellt der Brief uns einen Unternehmer vor, der von seinem Produkt wirklich überzeugt ist. Was er und wie er es schreibt, das klingt ehrlich.

Und die Vorteile für den Kunden? Herr Walder nennt sie eher dezent:
- Einzelstück,
- die Verbindung zwischen Kunstobjekt und Möbel,
- das lebendige Naturmaterial,
- Holz,
- unverwechselbare Form,
- komfortabel wohnen,
- den hohen ästhetischen Anspruch eines Kunstobjektes,
- Wohnkultur.

Ziehen wir die Parallele zur Musik: Herr Walder hat in seinen Text wohlklingende Motive eingebaut. Er spielt sie jedoch nicht aus. Der Leser hat genügend Raum für seine eigenen Assoziationen zu: Einzelstück, die Verbindung zwischen Kunstobjekt und Möbel... So kann der Empfänger jedes Motiv mit seiner Vorstellungskraft zu Ende spielen.

Gewiß wäre in einem typischen Werbebrief jedes Motiv gleich zu einem ganzen Ab-Satz ausgearbeitet worden und als Finale ein PS angefügt. Bei der dann groß tönenden Werbesymphonie hat der Empfänger nur zwei Möglichkeiten. Sie gefällt ihm, oder er lehnt sie ab.

4 Drei Wege, die zum Kunden führen

Leider gibt es nicht *mehr*. Die Art des Produktes zwingt ein Unternehmen nicht, einen dieser Wege einzuschlagen. Entscheidend ist nur, welches Marketing-Konzept Sie verfolgen. Sie haben die Wahl zwischen:
Preis – Qualität – Image.

Wer seine Waren und Dienstleistungen auf Dauer über den Preis vermarktet, hat den geringsten Spielraum. Er kann sich nur an der Konkurrenz orientieren und versuchen, das Produkt günstiger anzubieten. Diese Art der Werbung ist bei business-to-business-Geschäften häufiger anzutreffen als bei der Endverbraucher-Werbung. Lassen sich Preis und Qualität noch gerade verbinden, so ist bei der Preis-Werbung eine Kombination mit der Image-Werbung ausgeschlossen.

Setzt man auf Qualität, werden die Werbemöglichkeiten vielfältiger. Guter Service, ausführliche Beratung, hervorragendes Produkt, Zuverlässigkeit sind hier einige Stichworte. Der Schritt zur Image-Werbung ist klein. Und selbst eine Sonderaktion mit Niedrig-Preisen ist möglich.

Da das Marken-Bewußtsein sehr verbreitet ist, wird der Anteil an Werbung, die mit Image operiert, immer größer. Gefühle, Atmosphären und Träume – gekoppelt an ein Produkt – haben eben den größten Markt. Sind auch die Preise hoch, so ist die Qualität doch nicht zwangsläufig gut.

Erinnern wir uns nun wieder an Herrn Walder, der noch immer seine Objekt-Möbel verkaufen möchte. Seine Werbeargumente lauteten:
- Einzelstück,
- die Verbindung zwischen Kunstobjekt und Möbel,
- das lebendige Naturmaterial,
- Holz,
- unverwechselbare Form,
- komfortabel wohnen,
- den hohen ästhetischen Anspruch eines Kunstobjektes,
- Wohnkultur.

Welchen Weg wählt Herr Walder? Die Preiswerbung kommt sicher nicht in Frage. Denn fast möchte man einen Strich unter die Aufzählung ziehen und die Posten addieren. Das Ergebnis wäre bestimmt eine vierstellige Summe.

Die Begriffe „Einzelstück", „Kunstobjekt", „ästhetisch", „Wohnkultur" legen den Schwerpunkt auf Image. „Einzelstück", „Holz", „unverwechselbare Form" bezeugen die Qualität.

Würde Herr Walder letztlich einen Preis nennen, der deutlich unter unserer Erwartung läge, mißtrauten wir seinem Produkt. Der Erfolg seiner Werbeaktion wäre gefährdet.

5 Haben meine Werbebriefe Stil?

Mit dieser Frage meint man, den guten vom schlechten Werbebrief zu unterscheiden. Natürlich gibt es guten und schlechten Stil sowie gut und schlecht formulierte Briefe. *Den* Stil aber gibt es nicht. Stil ist relativ. Er wandelt sich mit dem Geschmack der Schreiber und Leser.

Schauen wir für einen Augenblick in den Bereich der Architektur. Sie muß zwei Forderungen erfüllen:

1. Sie muß das Selbstverständnis des Bauherrn spiegeln.
2. Sie muß für die Benutzer zweckmäßig und ansprechend sein.

Kathedralen zum Beispiel. Sie sind mächtige und prachtvolle Bauwerke, bieten Schutz und bilden das Zentrum ihrer Stadt. Jeder kann sich an ihnen orientieren. Und wer eine Kathedrale betritt, erfährt sogleich die Besonderheit ihres Raumes. Er schließt das Profane und die alltäglichen Lasten aus.

Jede Kathedrale ist ein Zeugnis für das Selbstverständnis der Kirche in der jeweiligen Epoche und für die religiösen Bedürfnisse der Menschen. Funktionalität allein reicht nicht aus. Sie würde die Bauwerke auf die statischen Notwendigkeiten reduzieren.

Verlassen wir nun wieder diesen Raum, jedoch nicht ohne einige Erkenntnisse über Stil mitzunehmen: Auch der gute Stil zeichnet sich nicht allein durch Funktionalität aus. Daß jeder Satz Informationen grammatisch korrekt trägt, ist „nur" die Voraussetzung für einen guten Text, gleichsam die statische Notwendigkeit.

Wie ein Architekt muß sich der Werbetexter fragen: Welches Selbstverständnis, welches Image möchte das Unternehmen verbreiten, für das ich arbeite? Eine Bank möchte anders dargestellt werden als eine Lotteriegesellschaft. Und ein Hersteller von Sport- und Freizeitkleidung pflegt ein anderes Image als ein Modemacher der Haute Couture.

Die zweite Frage lautet: Für welche Zielgruppe ist das Produkt gedacht, das ich anpreise? Ist die Zielgruppe genau definiert, muß man den Sprachstil finden, der für die Leserinnen und Leser des werbenden Textes angemessen und zweckmäßig ist?

Die beiden Forderungen aus dem Bereich der Architektur können wir nun übertragen auf unsere werbenden Briefe:
1. Sie müssen das Image des Unternehmens spiegeln.
2. Sie müssen die Zielgruppe angemessen ansprechen.

Der Stil eines Textes befindet sich im Spannungsfeld zwischen diesen Forderungen. Wenn er eine von beiden nicht erfüllt, kann die Werbeaktion scheitern. Es gilt also stets, eine Sprache zu finden, die mit dem Image des Unternehmens identisch ist und zugleich die Sprachebene(n) der Zielgruppe trifft.

Die Frage „Haben meine Werbebriefe Stil?" können wir nun eindeutig beantworten. Vorausgesetzt, die Texte erfüllen beide Forderungen, dann haben sie genau den richtigen, den treffenden Stil.

6 Wie sollte der Werbebrief gestaltet sein?

Unsere Kurzempfehlung: anders. Jeder erhält täglich weit mehr werbende Post, als ihm lieb ist. Die typischen Werbebriefe erkennt man schon im Briefkasten am Umschlag. „Ihre große Chance!" steht darauf oder „Morgen schon Millionär!". Wer nun Werbebriefe tatsächlich nicht mag, der wirft diese Post gleich in den Papierkorb.

Und die Briefe selbst? Auch sie unterscheiden sich oft beim schnellen Hinschauen nur unwesentlich voneinander. Somit verstoßen Sie gegen eine Grundregel der Werbung: Werbung muß auffallen. Immerhin soll sie ja ein Unternehmen auf einzigartige Weise repräsentieren. Darum müssen gute werbende Briefe immer anders sein als die anderen – jedoch nicht anders um jeden Preis.

Wie der Stil darf auch die Gestaltung des Briefes das ästhetische Empfinden der Zielgruppe nicht verletzen. Eine präzise Zielgruppenanalyse ist darum unerläßlich.

Die endgültige Gestaltung bleibt dann Ihrem Ideenreichtum und Ihrer Phantasie überlassen. Nur machen Sie es Ihrem Leser nicht zu schwer. Wenn er sich durch den Brief quälen muß, steigt er gleich zu Beginn aus. Kürzere Sätze, kürzere Zeilen, kürzere Absätze – kürzere Texte sind in der Regel angenehmer zu lesen.

Ob man einen Brief mit einem PS abschließen sollte? Daran scheiden sich die Geister. Ein PS finden Sie unter fast allen Werbebriefen. Warum? Dieser Nachtrag unter den Grüßen wird am genauesten gelesen. Was hier steht, kommt beim Empfänger auf jeden Fall an.

Nachteile: Am PS erkennt man sofort den typischen Werbebrief. Und für manche Leser gilt der Zusatz als Zeichen für die Unkonzentriertheit des Schreibers, der etwas Wichtiges vergessen hat und es uns nach der „Verabschiedung" noch geschwind hinterherruft. Entscheiden Sie bitte selber, welcher Ansicht Sie den Vorzug geben.

Ein letztes Wort zur Gestaltung. In vielen Büros arbeitet er schon, der Personal Computer. Dazu gibt es eine Reihe guter Desktop-Publishing-Programme.

Die Kehrseite dieser Alleskönner der Gestaltung wird allmählich offensichtlich. In einigen werbenden Briefen erkennt man vor lauter Gestaltung die Buchstaben nicht mehr. Darum, wer mit solchen Programmen arbeitet, sollte sich immer an den Goethe-Satz erinnern: Einfachheit ist das Ergebnis der Reife.

Wir zeigen Ihnen nun den Brief von unserem Herrn Walder in unterschiedlicher Gestaltung. Welchen lesen Sie lieber?

Es macht sehr viel Arbeit,

sehr geehrte Damen und Herren,

Objekt-Möbel zu bauen. Doch wenn ich dann ein Einzelstück gefertigt habe und mir mein Werk prüfend anschaue, stelle ich erfreut fest: Die Mühen haben sich gelohnt! Die Verbindung zwischen Kunstobjekt und Möbel ist wieder einmal gelungen.

Das lebendige Naturmaterial Holz hat eine unverwechselbare Form erhalten. Eine Form, mit der sich im Alltag komfortabel wohnen läßt und die dennoch den hohen ästhetischen Anspruch eines Kunstobjektes erfüllt.

Wenn Sie auch der Meinung sind, **Wohnkultur bedeute mehr**, als sich zweckmäßig einzurichten, dann schauen Sie sich bitte meine Ausstellung für Objekt-Möbel an:

                    Neuwalden
                    Buchenweg 6

Ich bin sicher, Sie werden begeistert sein!

Mit freundlichen Grüßen

Ihr

Unterschrift

EIN BESUCH, DER SICH FÜR SIE LOHNEN WIRD!

Sehr geehrte Damen und Herren,

es macht sehr viel Arbeit, Objekt-Möbel zu bauen. Doch wenn ich dann ein **Einzelstück** gefertigt habe und mir mein Werk prüfend anschaue, stelle ich erfreut fest: Die Mühen haben sich gelohnt! Die Verbindung zwischen Kunstobjekt und Möbel ist wieder einmal gelungen.

Das lebendige Naturmaterial Holz hat eine *unverwechselbare Form* erhalten. Eine Form, mit der sich im Alltag komfortabel wohnen läßt und die dennoch den hohen ästhetischen Anspruch eines Kunstobjektes erfüllt.

Wenn Sie auch der Meinung sind, **Wohnkultur bedeute mehr,** als sich zweckmäßig einzurichten, dann schauen Sie sich bitte in Neuwalden, Buchenweg 6, meine Ausstellung für Objekt-Möbel an.

Ich bin sicher, Sie werden begeistert sein!

Mit freundlichen Grüßen

Ihr

Unterschrift

PS: Und nicht vergessen: Neuwalden, Buchenweg 6. Da finden Sie die einzigartigen Objekt-Möbel von Walter Walder!

7 Werbebriefe für jeden Anlaß

Um werbende Briefe zu verschicken, braucht man nicht unbedingt Anlässe wie Festtage, neue Produkte oder Sonderangebote. Für einen Werbebrief ist immer die richtige Zeit. Nur wer regelmäßig den Kontakt zur Zielgruppe pflegt, kann sein Unternehmen und dessen Produkte dauerhaft darstellen und Kunden gewinnen.

Brief mit Zitat

```
"Wem die Stunde schlägt ...",

sehr geehrte Damen und Herren,

der muß auch wissen, wie sie ihm schlägt. Noch wie zu Omas und
Opas Zeiten? Oder hat er die Zeichen der Zeit erkannt?

Die Zeichen der Zeit zeigen ein klares, einprägsames Design.

Die Zeichen der Zeit heißen watch-it. Unverkennbar modern!

watch-it - die neue Uhrengeneration von ABC.

watch-it - weil der Tag 24 aufregende Stunden hat.

watch-it - wenn jede Sekunde kostbar ist.

watch-it - erhalten Sie in den guten Fachgeschäften.

Ihr

Unterschrift
```

Eine Druckerei wirbt mit Zuverlässigkeit

Wir drucken alles von A bis Z,
vom Briefkopf bis zur Fußnote.

Sehr geehrter Herr ...,

wie wichtig eine gut funktionierende Druckerei ist, das merken Sie bei Termindruck. Wir liefern Ihnen auch dann noch Arbeiten, denen man nicht ansieht, daß sie in Zeitnot entstanden sind.

Natürlich drucken wir genausogern unter normalen Bedingungen, dann können wir Ihnen sogar einfallsreiche Vorschläge für die Gestaltung anbieten.

Verlangen Sie ausdrücklich unseren Herrn Wegener. Er präsentiert Ihnen unsere ausführliche Mustermappe. Mit ihm können Sie auch über Sonderkonditionen reden.
Telefon: 12 34 56.

Mit freundlichen Grüßen

Ihre

Unterschriften

Große Auswahl an Regenschirmen

Wir lassen Sie nicht im Regen stehen!

Sehr geehrte Damen und Herren,

ob's stürmt oder schneit, wir halten für Sie bereit: die schönsten 365 Regenschirme. Damit kommen Sie auf alle Fälle trocken durchs Jahr.

Natürlich glauben wir nicht, daß Sie jeden Tag einen neuen Regenschirm aufspannen wollen. Aber daß Sie überhaupt keinen Regenschirm brauchen werden, daß möchten wir Ihnen nun auch wieder nicht versprechen.

Gleich, wie Sie die Wetterlage in Düsseldorf einschätzen mögen - wenn es dann doch einmal regnen sollte, wissen Sie ja, wo Sie uns finden: im Regenschirm-Paradies in der Hauptstraße 14.

Bestimmt haben wir dann noch genügend Regenschirme vorrätig, mit denen Sie sogar Ihr Schäfchen ins Trockene bringen können.

Mit freundlichen Grüßen

Unterschriften

Computerhersteller:
Wie man sich von der Konkurrenz drastisch absetzt

Sehr geehrte Damen und Herren,

noch eben in letzter Minute konnte Peter Blake auf seinem Master-Screen den Error-Code canceln. Für ein schnelles Menue und einen noch schnelleren Whisky bei Cursor's war es jetzt zu spät.

Peter Blake sprang auf sein Tab-Board und hastete durch die verrußten Straßen Brooklyns. Noch zwölf Minuten bis zum Shutdown. Der sichere Griff in die Innentasche seines Jacketts verriet ihm, daß er die Winchester nicht bei seiner Maus vergessen hatte.

"Verdammter Job!" - fluchte Blake und zog ein verächtliches Interface. Mit heulenden Reifen jagte er in den letzten free Space - direkt neben der Erfassungsschiene der Disketten-Station.

Schon von seinem Tab-Board sah er die blutroten Signs hysterisch aufblinken: "YOUR LAST CHANCE! ENTER NAME AND DATE!" "Kühl' Dich ab, Baby", brummte Peter Blake, als er ihm seine zehn Finger vors Terminal drückte. Mit einem Schlag brachte Blake die Sache wieder in Ordnung.: "SYSTEM SAVED!" ...

Wenn Sie solche Räuberpistolen nicht gerne erleben möchten, warum schalten Sie nicht um auf das Computer-Programm von Tower? Hier wissen Sie immer, wo Sie dran sind.

Mit bester Empfehlung

Ihr

Unterschrift

Eine Schreinerei wirbt mit Platzgewinn

Wenn Sie meinen, Ihre Büroräume würden immer kleiner ...!

Sehr geehrter Herr ...,

bestimmt kennen Sie das Phänomen: vor Jahren hatte man noch Platz genug. Manche Räume waren sogar freizügig möbliert. Doch nun? Der Schriftverkehr nimmt immer mehr Raum ein, und wo einst der nützliche Ablagetisch stand, befindet sich heute ein Gerät für die zeitgemäße Bürokommunikation.

Was tun, wenn eine Büroerweiterung oder gar ein Umzug nicht in Frage kommt? Als Schreinermeister weiß ich Rat! Die Lösung für Ihr Raumproblem heißt: Einbauten.

Denn Einzelmöbel, die nicht für Ihre spezielle Arbeits- und Raumsituation entworfen sind, verschenken Platz. Das macht sie unwirtschaftlich.

Einbauten dagegen nutzen selbst die kleinste Ecke bis auf den letzten Zentimeter - natürlich immer deckenhoch.

Wenn Sie dann noch die Schreibtische nach Maß anfertigen lassen, haben Sie ein neues Büro, das genau auf Ihre Bedürfnisse und die Ihrer Mitarbeiter eingerichtet ist. Ein Büro, das paßt - auch noch in den nächsten Jahren.

Rufen Sie mich an - Tel.: 12 34 56. Ich unterbreite Ihnen gern meine Vorschläge, selbstverständlich für Sie unverbindlich.

Mit freundlichen Grüßen

Ihr

Schreinermeister

Unterschrift

Kaffeeprobe per Post

Bitte bedienen Sie sich!

Sehr geehrter Herr ...,

öffnen Sie die Tütchen, schütten Sie alles in Ihre Tasse, das Kaffeepulver, die Milch, den Zucker. Sie trinken den Kaffee ohne Milch? Dann öffnen Sie dieses Tütchen besser erst gar nicht. Nun gießen Sie bitte heißes Wasser in Ihre Tasse, und genießen Sie ...!

Kann man aromatischen Kaffee schneller zubereiten? - Ja! Mit unserem Getränkeautomat. Ein Knopfdruck - und Sekunden nur bis zum erholsamen Schluck. So schnell servieren wir Ihnen nicht nur den Kaffee mit oder ohne Milch, sondern auch den Kakao und heiße Suppen.

Selbstverständlich übernehmen wir regelmäßig die Wartung, die Pflege und das Nachfüllen. Sie und Ihre Mitarbeiter müssen dann nur noch genießen.

Möchten Sie mehr wissen über diesen köstlichen Kaffee, der vor Ihnen steht? Rufen Sie mich bitte an - Tel.: 12 34 56. Gern informiere ich Sie ausführlich über unsere Getränkeautomaten.

Mit freundlichen Grüßen

Ihr

Unterschrift

Vollwertkost als Kantinenessen

G e s u n d e s   K a n t i n e n e s s e n !

Sehr geehrter Herr ...,

auf die richtige Ernährung kommt es an. Sie muß nicht nur in der Freizeit nach den neuesten Erkenntnissen der Ernährungswissenschaft zusammengestellt sein. Besonders am Arbeitsplatz ist eine vollwertige Ernährung wichtig zur Steigerung der Leistungsfähigkeit und zur Erhöhung des Wohlbefindens.

Die Küche von *Gut Essen* hat seit Jahren Erfahrung in der Zubereitung von Vollwertkost. Unsere Köche verwenden nur Qualitätslebensmittel, die den Anforderungen einer gesunden Ernährungsweise genügen.

Daß unser Essen vorzüglich schmeckt, ist selbstverständlich.

Damit Sie unsere Speisen einmal kennenlernen können, haben wir für Sie und einige Ihrer Mitarbeiterinnen und Mitarbeiter einen Termin zum Probe-Essen reserviert. Am ...(Datum) um ... Uhr servieren wir Ihnen einige unserer erlesenen Köstlichkeiten. Bitte rufen Sie uns an, ob Ihnen der Termin recht ist.

Wir freuen uns auf Ihren Besuch!

Mit den besten Grüßen

Ihre

Unterschriften

PS: Wir bieten täglich drei Gerichte zur Auswahl an.

Kundenorientierte Beleuchtung

Wir stellen Ihre Waren ins rechte Licht!

Sehr geehrter Herr ...,

das Dunkle stößt uns ab, das Helle zieht uns an. Diese menschliche Urerfahrung gilt auch in Verkaufsräumen. Nur dort, wo die Waren hell präsentiert werden, wird die Schwellenangst des Kunden abgebaut.

Es ist einleuchtend: Licht erzeugt Atmosphäre. Aber welches Licht ist für Ihre Produkte das richtige? Nicht jedes Leuchtmittel eignet sich bei jeder Ware.

Lassen Sie sich von unseren Beleuchtungstechnikern unverbindlich beraten, wie Sie Ihre Verkaufsräume kundenwirksamer ausleuchten.

Füllen Sie nur die beigefügte Antwortkarte aus, und schikken Sie sie mit Ihrem Terminvorschlag an uns zurück.

Mit der Lichttechnik von Schreiner stellen Sie Ihre Konkurrenz in den Schatten.

Wir beraten Sie gern!

Mit freundlichen Grüßen

Ihr

Unterschrift

8 Geschäftseröffnung

Die Geschäftseröffnung ist ein stets willkommener Anlaß für einen werbenden Brief. Gleich ob es um Renovierung, Umzug oder um eine Neueröffnung geht, das Schreiben, das sich auf solch ein Ereignis bezieht, ist die erste „Visitenkarte" eines Unternehmens. Wer Neukunden ansprechen möchte, muß besonderen Wert auf die Darstellung seines Images legen.

8.1 Neueröffnung

Die Einladung als Fragebogen

```
Sehr geehrter Herr ...,

knüpfen Sie gerne spontan Kontakte?

                    ☐ Ja!
                    ☐ Nein!

Lieben Sie anregende und gebildete Gespräche?

                    ☐ Ja!
                    ☐ Nein!

Gehören Sie auch zu den Menschen, die hin und wieder
etwas Neues kennenlernen möchten?

                    ☐ Ja!
                    ☐ Nein!

Lassen Sie sich zu einer Party einladen?

                    ☐ Ja!
                    ☐ Nein!
```

Haben Sie alle Fragen mit "Ja!" beantwortet?

☐ Ja!
☐ Nein!

Wenn ja, dann sind Sie eingeladen - zu unserer Eröffnungsparty am ... (Datum) um ... Uhr.

Damit Sie wissen, wer Sie einlädt: Wir haben in Köln die Vertretung der Firma ... (Name) übernommen. Aber keine Angst, wir wollen Ihnen an diesem Tag nicht unsere hochwertigen ... (Produktname) verkaufen. Wir möchten uns Ihnen nur vorstellen.

Hier nun unsere Adresse: ...

Wir hoffen auf Ihre Jas.

Mit den besten Grüßen

Ihr

Unterschrift

Ein Fitness-Center wirbt mit Gesundheit und Unterhaltung

Endlich auch in Ihrer Nachbarschaft!

Sehr geehrte Damen und Herren,

die Belastungen des Alltags kosten uns Kraft, und oft schaden sie auch unserer Gesundheit. Dann braucht man einen Ort, an dem man wieder einige Reserven tanken kann. Sich so richtig erholen von den täglichen Strapazen und dabei etwas für die Gesundheit tun!

Wenn Sie bisher immer weite Wege zurüklegen mußten, um diesen Ort zu finden, dann hat Ihnen die Erholung sicherlich keinen großen Spaß gemacht. Das ist jetzt vorbei! Denn ab dem ... (Datum) finden Sie alles, was Sie für Ihre Gesundheit brauchen, direkt in Ihrer Nähe - im

Fitness-Center Spartakus
Nordstraße 34.

Hier lassen Sie den Alltag weit hinter sich, wenn Sie an unseren modernen Geräten Ihre Kraft trainieren und anschließend in unserer gemütlichen Bar das fröhliche Beisammensein genießen.

Damit Sie uns kennenlernen, haben wir Ihnen einen Gutschein im Wert von ... DM mitgeschickt. Lassen Sie ihn nicht verfallen, nutzen Sie ihn lieber für einen entspannten Abend in netter Gesellschaft.

Wir erwarten Sie!

Mit freundlichen Grüßen

Ihr

Unterschrift

8.2 Eröffnung nach Modernisierung

Eröffnungsparty mit Überraschungen

Vielen Dank für Ihre Geduld!

Sehr geehrte Damen und Herren,

vielen Dank für Ihre Geduld, die Sie unserem Unternehmen in den letzten Monaten entgegengebracht haben. Wir sind davon überzeugt, daß sich die Renovierungsarbeiten gelohnt haben. Urteilen Sie bitte selbst!

Am ... (Datum) während unserer Eröffnungsparty haben Sie genügend Zeit, sich bei uns umzuschauen und sich wohl zu fühlen.

Selbstverständlich ist für Ihre Unterhaltung gesorgt. Bei flotter, swingender Musik und einem Gläschen Sekt können Sie unser neues Ambiente auf sich wirken lassen.

Was wir Ihnen sonst noch alles auf unserer Party zu bieten haben? Lassen Sie sich überraschen. Nur so viel sei verraten: Der Besuch lohnt sich!

Mit freundlichen Grüßen

Ihr

Unterschrift

Sonderangebote in großzügiger Atmosphäre

H e r z l i c h   w i l l k o m m e n !

Sehr geehrte Damen und Herren,

endlich ist es soweit: die letzten Modernisierungsarbeiten neigen sich dem Ende zu. In einer Woche, am ... (Datum), präsentieren wir Ihnen unsere neueste Warenkollektion in einer modernen, anspruchsvollen Inneneinrichtung.

Die neugeschaffene Atmosphäre wird Sie begeistern. Ab Montag macht Einkaufen bei ABC noch viel mehr Freude. Bummeln Sie durch unsere **großzügig aufgeteilten Verkaufsetagen**, und genießen Sie die übersichtliche Präsentation unserer hochwertigen Waren. Übrigens warten auf Sie **einige besonders günstige Angebote** zum Eröffnungspreis.

Falls Ihnen während Ihres Einkaufsbummels nach einer köstlichen Erfrischung ist - in unserem neuen Restaurant finden Sie zahlreiche Köstlichkeiten, bei denen Sie sich in angenehmer Umgebung erholen können.

Die Geschäftsleitung und das gesamte ABC-Team freuen sich auf Ihren Besuch!

Mit den besten Grüßen

Ihr

Unterschrift

PS: Bitte tauschen Sie bei Ihrem Besuch diese Einladung gegen ein Los ein. Vielleicht zählen Sie zu den glücklichen Gewinnern eines Einkaufsgutscheins.

8.3 Eröffnung nach Umzug

Indirekte Einladung an einen Geschäftspartner

ABC GmbH
Industriestraße 13
4000 Düsseldorf 7
Telefon: (02 11) 12 34 56

Sehr geehrter Herr ...,

unter dieser Adresse und dieser Telefonnummer können Sie uns ab dem ... (Datum) erreichen.

Wenn wir auch unseren Standort verändert haben, die Qualität unserer Produkte ist gleich gut geblieben. Bitte überzeugen Sie sich davon bei Ihrem nächsten Besuch.

Es wird mir dann eine besondere Freude sein, Ihnen unsere Neuentwicklungen vorzuführen. Gewiß werden Sie deren Verkaufschancen ebenso positiv einschätzen wie ich. Doch ich möchte Ihrem fachmännischen Urteil nicht vorgreifen.

Wann immer Sie in unserer Nähe sind, schauen Sie herein!

Mit freundlichen Grüßen

Ihr

Unterschrift

Attraktionen im Möbelmarkt

Sie sollten uns mal kennenlernen!

Sehr geehrte Damen und Herren,

wie preiswert gute Möbel sein können, wieviel Auswahl Sie auf ... Quadratmetern haben und wie gut unser Service ist, das sollten Sie wirklich einmal kennenlernen.

Nichts leichter als das. Fahren Sie nur auf die A 46 Richtung ... Dann verlassen Sie die Autobahn an der Ausfahrt ... Dort sehen Sie schon die Wegweiser zum *Möbelmarkt für die ganze Familie.*

Vielleicht kennen Sie uns ja schon von unserem alten Standort in ... Dann wissen Sie bereits, daß unsere Möbel halten, was wir Ihnen versprechen. Was sich geändert hat? Wir haben nun eine noch größere Auswahl und einige besonders günstige Angebote zum Eröffnungspreis.

Kommen Sie am ... (Datum) zum *Möbelmarkt für die ganze Familie.* Nehmen Sie unsere günstigen Angebote unter die Lupe. Und lassen Sie sich verwöhnen von unserem abwechslungsreichen Unterhaltungsprogramm.

Wir freuen uns auf Ihren Besuch!

Mit den besten Grüßen

Ihr

Unterschrift

PS: Vergessen Sie nicht, das beigefügte Los mitzubringen. Vielleicht gewinnen gerade Sie den Einkaufsgutschein im Wert von ... DM.

9 Sonderaktionen

Sie zeigen, wie vital ein Unternehmen ist und daß man sich um den Kunden bemüht. Durch immer neue Attraktionen kann die Kaufwelt zu einer Erlebniswelt werden. Jedoch dürfen Sonderaktionen auch nicht zu häufig durchgeführt werden, wenn sie sich vom Geschäftsalltag deutlich absetzen sollen.

9.1 Preisausschreiben

Warengutscheine

```
Ihre Glücksnummer: 13 45 67

Sehr geehrte Frau ...,

füllen Sie nur die beigefügte Antwortkarte aus - Ihre
Glücksnummer steht bereits oben links - und ab geht die
Post.

Vielleicht sind ja gerade Sie die Glückliche, die den Wa-
rengutschein im Wert von ... DM gewinnt. Wenn nicht? Auch
ein Warengutschein im Wert von ... DM oder ... DM ist ge-
wiß nicht zu verachten. Darüber hinaus verlosen wir ...
(Anzahl) wertvolle Trostpreise.

Nutzen Sie Ihre Chance! Es lohnt sich, gerade jetzt mitzu-
machen. Denn wir führen wieder unser beliebtes, hochwerti-
ges Sommersortiment.

Viel Glück!

Ihr

Unterschrift
```

Worte, die zählen

Für Schnelldenker!

Sehr geehrte Damen, sehr geehrte Herren,

haben Sie ein bißchen Zeit? Dann nehmen Sie doch teil an unserem Preisrätsel:

Sie benötigen dazu nicht Ihr Klavier, darüber sollte der einsame Zweifler neu nachdenken und achtgeben.

Das war's auch schon. Nun kennen Sie die Ziffern unserer Telefonnummer in der richtigen Reihenfolge.

Wer am Montag ab ... (Uhrzeit) zuerst anruft, hat ... (erster Preis) gewonnen. Der zweite Anrufer erhält ... und der dritte ...

Auch wenn Sie nicht bei den Hauptgewinnern sind - Ihren Spürsinn wollen wir dennoch belohnen. Unter allen Scharfsichtigen, die uns über die gesuchte Telefonnummer erreichen, verlosen wir weitere ...

Viel Spaß beim Entziffern!

Ihr

Unterschrift

Die Lösung: <u>Sie</u> <u>ben</u>ötigen dazu nicht Ihr Kla<u>vier</u>, darüber sollte der <u>eins</u>ame <u>Zwei</u>fler <u>neu</u> nachdenken und <u>acht</u>geben.

9.2 Bekannte Persönlichkeiten und Unternehmen

Modenschau mit Top-Models

Möchten Sie dabei sein, wenn internationale Top-Models die neueste Sommermode vorstellen? Kein Problem,

sehr verehrte Frau ...,

dafür müssen Sie nicht einmal nach Paris oder nach New York reisen. Kommen Sie zu

new fashion
Frankfurter Straße 28
Köln.

Dort erleben Sie die eleganteste und aufregendste Mode, vorgeführt von den zauberhaftesten Geschöpfen, die unsere Modewelt zu bieten hat.

Nur ein auserwähltes Publikum hat Zutritt zu dieser Sensation aus Seide und Satin.

Wir würden uns freuen, Sie am ... (Datum) um ... (Uhrzeit) mit einem Glas Champagner begrüßen zu dürfen.

Unsere herzlichen Grüße

Unterschriften

PS: Bitte schicken Sie die Antwortkarte an uns zurück, damit wir für Sie und Ihre Begleitung Plätze reservieren können.

Ein Designerteam verschickt Arbeitsproben

Qualität sieht man!

Sehr geehrter Herr ...,

mit diesem Schreiben erhalten Sie einige Entwürfe, die wir für ... entwickelt haben.

Wir hätten Ihnen ebensogut unsere Gestaltungsideen für ... schicken können oder unsere Konzeptionen für ...

Selbstverständlich bieten wir Ihnen gerne die Möglichkeit, bei **topdesign** weitere Ergebnisse unserer Arbeit einzusehen, die wir für bedeutende Unternehmen der ...-Branche geleistet haben.

Sie können freilich auch gleich mit **topdesign** an die Arbeit gehen und ein modernes Produkt-Outfit speziell für Ihr Unternehmen entwickeln lassen.

Wenn Sie auch der Ansicht sind, daß Ihre Kunden die gute Qualität Ihrer Produkte schon am Design erkennen sollten, dann optimieren Sie Ihre Produkte mit **topdesign**. Ihre Umsatzsteigerung wird unseren Konzeptionen recht geben.

Mit freundlichen Grüßen

Ihr

Unterschrift

PS: Vergessen Sie bitte nicht, die Antwortkarte ausgefüllt an **topdesign** zurückzuschicken!

Rundfunk-Moderator oder Disk-Jockey wirbt für ein Schallplatten-Geschäft

```
Foto
des
Moderators
```

Hallo Leute,

ich bin Manny, der im Club 7 die heißen Nummern spielt. Bestimmt habt Ihr Euch schon gefragt, wo ich immer die wahnsinnigen Scheiben herhole! Für mich natürlich überhaupt keine Frage: Im Vertrauen, ein Teil kommt mit der Post direkt von den Plattenfirmen. Aber die schicken mir nur ihren neuesten Hit-Verdacht.

Ja, und was tun, wenn man mal was wirklich Bockiges haben will? Klar, daß ich dann zu L + P gehe, dem Laden mit der Riesenauswahl an Musik. Egal, ob Ihr die gute alte Rille braucht, eine CD oder ein Musik-Video - L + P hat einfach alles. Und was die nicht auf Halde haben, na, das besorgen die Euch einfach.

L + P - schaut mal herein. Da ist wirklich für Euch 'ne Menge Musik drin, auch preismäßig und so. Übrigens: Für Eure Erzeuger hat L + P auch einiges an Bach, Mozart und Ellington.

Kommt doch mal vorbei. L + P findet Ihr in der Werner-Mühlen-Straße 14 - gleich neben dem ...

Vielleicht treffen wir uns ja mal dort. Würde mich echt freuen!

Beste Grüße

Unterschrift

10 Erweiterung der Unternehmensleistung

Verändert oder ergänzt ein Unternehmen seine Leistungen, so ist das immer ein willkommener Anlaß für einen werbenden Brief. In der Regel kündigt man das Produkt vor seiner Veröffentlichung an. Doch auch, wenn es bereits eine Zeit auf dem Markt ist, kann man mit einem Werbebrief zusätzliche Kaufimpulse geben.

10.1 Ergänzung und Umstellung des Angebotes

Probefahrt im neuen Modell

Der neue Tertia ist da!

Sehr geehrte Damen und Herren,

die Fachpresse jubelt: Endlich ein günstiger Kleinwagen mit Sicherheitsanspruch! Sie lobt seine Spritzigkeit und seine unglaublichen Platzvorteile beim Einkauf in der Großstadt.

Nun können Sie sich Ihr eigenes Urteil bilden. Ab sofort steht er bei Ihrem ABC-Händler - zur Testfahrt bereit.

Steigen Sie ein, und genießen Sie den Raumkomfort, den Sie nur bei ABC bekommen, zu einem sensationellen Preis. Ab ... DM haben Sie das unverwechselbare Fahrerlebnis im Tertia XI.

Testen Sie seine drei spritzigen Motorversionen gleich heute.

Wir reservieren Ihnen eine Probefahrt.

Mit freundlichen Grüßen

Ihr

Unterschrift

Größere Lagerkapazität

Alles aus einer Hand!

Sehr geehrter Herr ...,

wir haben unser Ersatzteillager erweitert. Neben den Produkten, die Sie bereits von uns kennen, führen wir nun auch ...(Produktname).

Die Vorteile, die unsere Erweiterung für Sie hat, liegen auf der Hand:

> Sie erhalten nun den gesamten Ersatzteilbedarf bei *einem* Lieferanten.
>
> Dadurch sparen Sie unnötiges Suchen bei den unterschiedlichen Anbietern.
>
> Unsere Zuverlässigkeit und Pünktlichkeit können Sie auch bei der Bestellung von ...(Produktname) einplanen.
>
> Und Sie erhalten alle Teile zu den bekannt günstigen Konditionen.

Wir hoffen, Ihnen mit unserem erweiterten Angebot die tägliche Ersatzteilbeschaffung zu erleichtern, und freuen uns auf Ihre erste Bestellung.

Mit freundlichen Grüßen

Ihre

Unterschriften

Eine Zeitung spielt mit den Namen der „Konkurrenz"-Blätter

JEDEN MORGEN: ab Montag neu an Ihrem Kiosk!

Sehr geehrte Damen und Herren,

was wird aus bayern??? kann kohl die risse kitten??? wo ist vogel??? entfernt sich england immer mehr vom kontinent??? bleiben washington und moskau an einem tisch??? ist die nationalelf noch zu retten??? verspielt karajan eine große chance??? geben deutschlands universitäten doch ihren geist auf???

Auf Fragen, die wir heute stellen, werden morgen die Antworten gegeben. Und dann sollten Sie dabei sein. Machen Sie mit Ihrer Tageszeitung JEDEN MORGEN einen Satz über die Welt.

JEDEN MORGEN erspart Ihnen die Zeit, in den Sternen zu lesen. Denn wir spiegeln für Sie das authentische Bild des Vortags. Vorwärts und rückwärts!

JEDEN MORGEN, weil das aktuelle Informations-Capital immer etwas spritziger - pardon - witziger ist.

JEDEN MORGEN einen guten Morgen!

Ihr

Unterschrift

PS: Mit der Antwortkarte sichern Sie sich JEDEN MORGEN zum Abonnementpreis von ... DM.

Feinschmecker-Restaurant mit neuem Menue

>   Carpaccio vom Rinderfilet mit
>   kleiner Salatmelange
>
>   Legierte Spinatcremesuppe mit
>   Schneekrabbenfleisch
>
>   Glacierte Barberieentenbrust
>   auf Blaukrautsauce mit tour-
>   nierten Navetten und Willi-
>   amskartoffeln
>
>   Feigen mit Fenchelkompott und
>   Mohneis
>
> Sehr geehrte Damen und Herren,
>
> haben Sie Appetit, dann gönnen Sie sich mein neues Fein-
> schmecker-Menue. Lassen Sie sich für einen Abend verwöh-
> nen. In einer Atmosphäre, die Speisen zu einem Erlebnis
> werden läßt.
>
> Ich freue mich darauf, Ihren Gaumen einige Stunden lang
> verführen zu dürfen.
>
> Mit bester Empfehlung
>
> Ihr
>
> Unterschrift

Textil-Sonderkatalog

Wem reißt nicht manchmal der Faden?

Sehr geehrte Frau ...,

solch ein kleines Malheur ist besonders ärgerlich, wenn Sie um 20.00 Uhr bei Freunden eingeladen sind und um 19.00 Uhr noch Ihr festliches Abendkleid kürzen müssen.

Legen Sie vorher den Faden eine Zeitlang in eine Alaunlösung und lassen Sie ihn anschließend gut austrocknen. Dann ist er fast unzerreißbar, und Sie sind um 21.00 Uhr bei Ihren Freunden.

Oder kaufen Sie sich gleich Ihr Garn bei ABC. Denn unser Garn hält, was wir Ihnen versprechen. Fordern Sie unverbindlich unseren Sonderkatalog "Textil" an. In ihm finden Sie alles für Ihre Handarbeit, von der Stecknadel bis zum Spinnrad, vom Faden bis zum Chintz.

Zu Ihrer Erstbestellung gratulieren wir Ihnen mit einem kleinen Geschenk!

Mit freundlichen Grüßen

Ihr

Unterschrift

10.2 Verbesserter Service

Die Informationsaktion eines Reisebüros

> 30 Pfennig, die sich lohnen!
>
> Sehr geehrte Damen und Herren,
>
> die Urlaubszeit rückt näher. Und bestimmt haben Sie Fragen über Fragen:
>
> > Bekomme ich im Juni noch ein Quartier in der Toskana?
> >
> > Darf ich meinen Hund mitnehmen nach England?
> >
> > Ist es ratsam, für den Urlaub in Amerika eine private Krankenversicherung abzuschließen?
> >
> > Wie komme ich am preiswertesten nach Kuba?
> >
> > Gibt es auf Kreta Segel- und Surf-Kurse?
> >
> > Welche Hotels an der Algarve bieten Kinderbetreuung an?
>
> Gleich, welche Fragen Sie haben - Ihre Reiseberaterinnen Monika Berger und Uschi Schuster vom Reisebüro *travel-all* beantworten sie Ihnen gern.
>
> Rufen Sie unsere Damen an - Tel.: 12 34 56 oder 65 43 21. Oder: Wenn Sie in der Nähe der Hauptstraße 7 sind, sparen Sie sich die 30 Pfennig und kommen Sie gleich selber bei uns vorbei. Der erste Schritt in den Urlaub nach Maß.
>
> Mit freundlichen Grüßen
>
> Unterschrift

Beratung mit dem Computer beim Damenfriseur

Wie Sie haargenau zu Ihrem Typ finden!

Sehr geehrte Frau ...,

das ist ganz einfach: Kommen Sie bitte in die Oststraße 12 - zu *hair-styling*, dem Team für die modische Frisur, die zu Ihnen paßt.

Noch bevor wir Ihnen ein Haar gekürzt haben, sehen Sie, wie Ihnen Ihre neue Frisur steht. Nein, das ist keine Zauberei. Das ist unsere neue individuelle Computer-Beratung.

Wir übertragen Ihr Foto in den Computer. Und schon kann's losgehen. Aus über ...(Anzahl) modischen Frisuren wählen Sie, welche Ihnen am besten gefallen. Auf Knopfdruck können Sie Ihrem Bild jedes beliebige hair-styling zuordnen und nach Wunsch verändern.

Erst wenn Sie Ihre Frisur gefunden haben, werden wir mit Meisterhand Ihren Typ verwirklichen - haargenau.

Erfüllen Sie Ihren Traum, noch hübscher auszusehen, bei *hair-styling*.

Mit freundlichen Grüßen

Ihre

Unterschrift

PS: Damit Sie auf Ihre individuelle Computer-Beratung nicht warten müssen, vereinbaren Sie bitte mit uns einen Termin - Tel. 12 34 56. Vielen Dank!

Erweiterter Service eines Reinigungsunternehmens

Sauberkeit überall!

Sehr geehrter Herr ...,

was Sie noch nicht wissen: Seit ...(Datum) ist unser Pflegedienst weit umfangreicher.

Wir putzen Fenster und Böden, polieren Schreibtische und Schränke, pflegen Polster, saugen Teppiche, entfernen Brandflecken, leeren Papierkörbe. Kurzum - wir halten Ihr gesamtes Büro vom Boden bis zur Decke sauber.

Unser versiertes Reinigungsteam arbeitet sicher, sauber, zuverlässig, schnell und vor allem, ohne Ihren Arbeitsablauf zu behindern.

Ein Anruf genügt, und schon morgen lernen Sie die Vorteile (auch die preislichen) unserer neuen Pflegeaktion kennen - Tel.: 12 34 56.

Mit freundlichen Grüßen

Unterschrift

PS: Gerne bieten wir Ihnen eine Reinigung auf Probe!

Büromöbelverkauf mit Planung

Jetzt neu: Büromöbel mit Planung

Sehr geehrter Herr ...,

daß Sie bei ABC außergewöhnliche Büromöbel bekommen, das wußten Sie sicher schon. Was Sie aber noch nicht wissen:

Ab sofort können Sie Ihre Büroräume von einer Abteilung von ABC planen lassen. Da stimmt einfach alles: die Farben, die Formen und die Qualität der Möbel. Kurzum: Ihre Büroräume werden auf Maß eingerichtet.

Nutzen Sie unseren neuen Service bei Ihrer nächsten Büromodernisierung. Sie werden staunen, wie komfortabel unsere Innenarchitekten Ihre Räume einrichten. Und zufriedene Mitarbeiterinnen und Mitarbeiter sind Ihnen gewiß!

Mit freundlichen Grüßen

Ihr

Unterschrift

11 Briefe zur Messe

Überlassen Sie es nicht dem Zufall, ob Ihre Kunden Ihren Messestand besuchen. Laden Sie sie ein. Ihr Hinweis kann den Kunden schon vorbereiten auf das, was ihn erwartet. Interesse zu wecken in der Einladung ist ausdrücklich erlaubt.

Nach der Messe sollten Sie den Kundenkontakt mit einem Nachfaßbrief verstärken. Bereiten Sie diese Briefe rechtzeitig vor, damit nicht zuviel Zeit vergeht zwischen Messebesuch und Ihrer ersten Reaktion.

11.1 Einladungen

Die Nachrichten-Parodie

Bonn: "Ein Umsatzplus für den Schokoriegel von Bergmann!"

Sehr geehrte Damen und Herren,

wie gut unterrichtete Kreise im Bonner Regierungsviertel zu berichten wissen, ist seit einigen Tagen der neue Schokoriegel von Bergmann Thema Nummer eins im Bundeswirtschaftsministerium.

Alle Hoffnungen konzentrieren sich auf seinen hervorragend kernigen Geschmack und das damit verbundene Umsatzplus für dessen Anbieter.

Zum ersten Mal wird der Schokoriegel von Bergmann einem interessierten Fachpublikum auf der "Internationalen Süßwaren-Messe" in Köln präsentiert: vom ... bis ... in Halle ... Stand ...

Mit kernigem Biß

Unterschrift

Neues Design und Umweltbewußtsein

"Internationale Möbelmesse" in Köln
Halle ..., Stand ...

Sehr geehrter Herr ...,

dort finden Sie die neuesten Designer-Möbel von Gerte. Made in Germany! Eine Symbiose aus Qualität und Formschönheit - genau das richtige für Ihre wohnkultivierten Kunden.

Nur umweltverträgliche Materialien werden zu Gerte-Designer-Möbeln verarbeitet. Das sind wir der Natur schuldig. Doch die selbst auferlegte Begrenzung führt zu keinerlei Einengung in der kreativen Gestaltung unserer Produkte.

Im Gegenteil: Gerade die Konzentration auf einige Materialien hat unser Konzept noch deutlicher verdichtet.

Überzeugen Sie sich! Kommen Sie in der Zeit vom ... bis zum ... (Datum) auf unseren Messestand, und erleben Sie das neue Design aus Deutschland.

Mit freundlichen Grüßen

Ihr

Unterschrift

Ein Brief, der neugierig machen soll

** Bücher ** Bücher ** Bücher ** Bücher ** Bücher **

Sehr geehrte Damen und Herren,

wenn Sie wissen wollen, warum Georg Löppler auf Seite 264 sagt: "Es hätte nicht geschehen sollen! Doch sie wollte es nicht anders an jenem Morgen, als die Sonne sich durch den dreckigen Himmel unserer Stadt schob." ...

Wenn Sie das wirklich wissen wollen, dann kommen Sie nach Frankfurt. Nur dort erfahren Sie vom ... bis ... (Datum) die Wahrheit über Georg Löppler. Georg Löppler werden Sie dort zwar nicht sehen, aber den neuen Roman von Peter Schnitzel: "Georg Löppler - ein Leben am Rande".

Die faszinierende Geschichte eines Grenzgängers zwischen Establishment und Etablissement.

Mit freundlichen Grüßen

Ihr

Unterschrift

PS: Frankfurter Buchmesse - Halle ... - Stand ...
    ...-Verlag

Brief mit Materialprobe

"Wer nicht hören will, muß fühlen!" Dann,

sehr geehrte Frau ...,

fühlen Sie doch einmal unsere Stoffproben, auf unsere Werbeabteilung würden Sie ja doch nicht hören.

Wollen Sie noch mehr fühlen? An unserem Messestand auf der IGEDO in Düsseldorf dürfen Sie Ihren Tastsinn an unserem gesamten Sortiment hochwertiger Kleiderstoffe erproben - an ... Artikeln.

Kommen Sie vom ... bis ...(Datum) in Halle ..., Stand ... mit unseren Stoffen auf Tuchfühlung.

Mit freundlichen Grüßen

Ihre

Unterschriften

Anlage
Stoffproben

Test auf der Messe

Wo können Sie Bürokommunikation wirklich testen?

Sehr geehrter Herr ...,

kommen Sie zur CeBit in Hannover. Vom ... bis zum ... (Datum) haben wir für Sie ein hochmodernes Büro aufgebaut. Die beste Technologie von ABC steht Ihnen dort zur Verfügung.

Hier stellen Sie uns auf die Probe. Sie sind der Chef! Sie geben die Kommandos, und unsere Damen führen sie aus an den neuesten ABC-Geräten. Dann erleben Sie, zu welchen Leistungen ein organisiertes Kommunikationssystem in der Lage ist.

Selbst komplexeste Aufgaben lösen wir in kürzester Zeit.

Nutzen Sie die Gelegenheit, unser neues Kommunikationssystem auf Herz und Nieren zu prüfen.

Wir freuen uns auf Ihren Besuch in Halle ..., Stand ...

Mit besten Grüßen

Ihre

Unterschriften

PS: Auf Ihr Urteil sind wir gespannt!

Einladung zum Vortrag

"Tourismus und Ökologie"

Sehr geehrte Frau ...,

zu diesem Thema hält Prof. Dr. Herbert Walter einen Vortrag auf der "Internationalen Tourismus-Börse" in Berlin. Er wird die Fehler der vergangenen Jahre beleuchten und Wege zeigen, die zu einem schonenden Tourismus führen.

Wenn Ihre Kunden interessiert sind, einen verantwortungsbewußten Urlaub zu machen, dann solten Sie den Vortrag von Prof. Dr. Herbert Walter nicht versäumen.

Er steht Ihnen auch nach der Veranstaltung für ein persönliches Gespräch zur Verfügung.

Wir freuen uns auf Ihren Besuch!

Mit freundlichen Grüßen

Ihre

Unterschriften

PS: Der Vortrag findet statt vom ... bis ... (Datum) täglich ab ... Uhr am Messestand der *first-flight* in Halle ... Stand ...

11.2 Nachfaßbriefe

Katalog wird nach der Messe verschickt

```
Vielen Dank für Ihren Messebesuch am ... (Datum)!

Sehr geehrte Frau ...,

wir haben uns sehr über Ihr Interesse an unserem neuen ...
(Produktname) gefreut.

Gerne schicken wir Ihnen nun den gewünschten Katalog. Be-
achten Sie bitte Seite ... Dort finden Sie alles Wissens-
werte über ... (Produktname).

Falls Sie weitere Fragen haben, wir beantworten sie Ihnen
gerne. Rufen Sie uns bitte an - Tel.: 12 34 56.

Mit freundlichen Grüßen

Ihr

Unterschrift
```

Einladung zu einer exklusiven Präsentation

Vielen Dank für Ihr großes Interesse an unseren ... (Produktname) auf der ...-Messe

Sehr geehrter Herr ...,

wir haben uns über Ihren Besuch sehr gefreut. Leider hat man auf Messen nie die Zeit, die man sich eigentlich nehmen möchte, um ein neues Produkt ausführlicher kennenzulernen.

Wir laden Sie darum ein, sich mit unseren neuen ... (Produktname) einmal in Ruhe vertraut zu machen. In unseren Ausstellungsräumen finden Sie ... (Produktname) in allen Ausführungen.

Wo Sie uns erreichen:

> ABC GmbH
> Parkstraße 29
> 4000 Düsseldorf-Oberkassel
> Tel.: 12 34 56

Selbstverständlich bieten wir Ihnen eine exklusive Vorführung und Beratung.

Bitte schlagen Sie uns einen Termin vor. Wir stehen gerne zu Ihrer Verfügung.

Mit freundlichen Grüßen

Ihre

Unterschriften

12 Presseinformationen

Redakteure haben nicht viel Zeit. Darum verfassen Sie Ihre Presseinformationen möglichst kurz und übersichtlich. Als Leitfaden für Ihre Mitteilungen mögen Ihnen die W-Fragen dienen.
Wer? – Wo? – Wann? – Was? – Wie? – Warum?
(Wer hat/wird wo und wann was wie und warum getan/tun?)
Die beste Zeit für Presseinformationen ist die Urlaubszeit: Wenn Politik und Kultur Ferien machen, fehlt den Zeitungen oft der Stoff.

Betriebsmannschaft spielt für einen karitativen Zweck

```
Fußballspiel zugunsten ...

Sehr geehrte Frau ...,

am ...(Datum) spielt die Fußballmannschaft der ABC GmbH im
Berndorfer Stadion gegen eine Auswahl der ...

Der Eintritt ist kostenlos, jedoch erbitten wir von jedem
Zuschauer eine Spende für ... Gerade die ...-Organisation
braucht dringend unsere Hilfe. Für die Spenden sollen ...
angeschafft werden - Geräte, die schon seit Jahren fehlen.

Mit freundlichen Grüßen

Unterschriften
```

Ein Unternehmen sucht die Nähe zu den Bürgern

Einladung zum Tag der offenen Tür in der ABC GmbH

Sehr geehrter Herr ...,

am ...(Datum) veranstaltet die ABC GmbH in der Industriestraße 1 auf ihrem Firmengelände einen Tag der offenen Tür. Die Bürgerinnen und Bürger der Stadt Düsseldorf sind herzlich eingeladen, sich über ihren "Mitbürger" aus der Chemiebranche zu informieren.

Wir geben Einblick in unsere Arbeit und unsere Forschung. Dabei werden sicherlich viele Besucher besonderes Interesse zeigen für unser Engagement für den Umweltschutz. Auch in diesem Bereich haben wir einige beachtenswerte Neuigkeiten zu präsentieren.

Neben all diesen Informationsangeboten bieten wir natürlich auch eine Menge Spaß und Unterhaltung.

Bitte informieren Sie Ihre Leserinnen und Leser über den Tag der offenen Tür in der ABC GmbH.

Im voraus vielen Dank!

Mit freundlichen Grüßen

Ihr

Unterschrift

Firmenjubiläum

Seit 25 Jahren,

sehr geehrter Herr ...,

ist die ... GmbH in Solingen tätig. Sie hat sich in dieser Zeit auf dem Werkzeugmarkt einen wohlklingenden Namen gemacht. Produkte, die aus unserem Hause kommen, sind für ihre Zuverlässigkeit bekannt.

Daß wir in dem letzten Vierteljahrhundert diesen hervorragenden Standard erarbeiten konnten, das ist für uns Grund genug, unser Jubiläum gebührend zu feiern.

Mit Vertretern des Landes und der Stadt mit ... (usw.) werden die Belegschaft und die Geschäftsführung die vergangenen Leistungen würdigen.

Wir würden uns sehr freuen, wenn Sie an unserer Feierstunde auch teilnehmen könnten. Sie findet statt am ... (Datum) um ... (Uhrzeit) im Blauen Saal des Hotels "Kaiserberg" in Solingen, Schirmerstraße 28.

Mit freundlichen Grüßen

Ihre

Unterschriften

Modenschau als Besucheranreiz

Einladung zur Geschäftseröffnung am ... (Datum)
ab ... (Uhrzeit)

Sehr geehrte Frau ...,

seien Sie herzlich willkommmen, wenn wir in einer Woche unsere Boutique *Elise* mit einer Modenschau eröffnen. Mitten im Zentrum unserer Stadt - in der Hauptstraße 5 - präsentieren wir, was internationale Modemacher für die moderne, selbstbewußte Dame entworfen haben.

Unsere Modenschau wird Ihnen und Ihren Leserinnen einen fabelhaften Einblick in unser Kollektionsprogramm geben. Dann wissen Sie sehr schnell, was Sie von uns zu erwarten haben. Doch wir können Ihnen jetzt schon nur das Beste versprechen.

Da sind die wunderbar leichten Modelle von ... (Name) mit einzigartiger Eleganz und einem Hauch weiblicher Kühnheit. Oder für den festlichen Abend: ... (Name) hat sie erdacht, die anspruchsvollen Kreationen in einem Stoff, aus dem die Träume sind. Oder ...

Schauen Sie selbst, wie atemberaubend schön Mode sein kann!

Bitte informieren Sie auch Ihre Leserinnen über unsere Geschäftseröffnung. Vielen Dank!

Wir freuen uns auf Ihren Besuch!

Mit den besten Grüßen

Ihre

Unterschriften

Öffentlichkeitsarbeit nach einem Vortrag

Vortrag von Herrn Dr. Manfred Müller

Sehr geehrter Herr ...,

am ... (Datum) hat der Leiter unserer Entwicklungsabteilung auf dem Kongreß für ... einen Vortrag gehalten zu dem Thema: "Die Möglichkeiten zur Optimierung der Filtertechniken im Umweltschutz".

Damit hat Herr Dr. Müller zum ersten Mal einer interessierten Öffentlichkeit die jüngst abgeschlossenen Forschungen der ABC GmbH vorgestellt. Die positive Resonanz auf seine Ausführungen zeigt, daß wir mit unserer Arbeit genau auf dem richtigen Weg sind: konzentrierte Forschung und Entwicklung für den wirkungsvollen Schutz unserer Umwelt.

Bitte informieren Sie Ihre Leserinnen und Leser über den Vortrag von Herrn Dr. Müller. Eine Zusammenfassung seiner Arbeit haben wir diesem Brief beigefügt.

Falls Sie weitere Fragen haben - Herr Dr. Müller steht Ihnen gerne zur Verfügung. Seine Sekretärin, Frau Schneider, erreichen Sie unter der Rufnummer 12 34 56.

Vielen Dank für Ihr Interesse!

Mit freundlichen Grüßen

Ihr

Unterschrift

13 Besondere Anlässe

Zu Weihnachten und Neujahr, zu Ostern und zum Valentinstag bedarf es eines geringeren Werbeaufwands, denn die Kunden sind bereits auf ein bestimmtes Kaufverhalten eingestimmt. Leider müssen Sie sich auch auf eine viel größere Konkurrenz einstellen als zu anderen Zeiten im Jahr. Darum die Werbeaktion frühzeitig organisieren, und nicht den anderen hinterherlaufen!

13.1 Weihnachten und Neujahr

Geschenkideen mit Verpackung

```
Haben Sie noch keine Idee, was Sie Ihren Lieben
zu Weihnachten schenken könnten?

Sehr geehrte Frau ...,

dann schauen Sie doch in die Geschenkebörse rein.
Sie werden staunen, was der Weihnachtsmann dort alles für
Sie abgeliefert hat. Raten Sie mal! Ich möchte wetten,
Sie kommen nicht drauf.

Und wenn Sie dann Ihre Präsente gefunden haben, werden
die netten Helferinnen vom Weihnachtsmann alles so himm-
lisch verpacken - das hat die Welt noch nicht gesehen.

Mit den besten Wünschen für die Bescherung

Unterschrift
```

Ein Hotel bietet ein Festessen für die ganze Familie

Wir wünschen Ihnen und Ihrer Familie ein frohes Fest und ein glückliches neues Jahr!

Sehr geehrter Herr ...,

damit es aber auch wirklich glücklich und fröhlich zugeht während der Festtage - befreien Sie doch einmal Ihre Frau von der Küchenarbeit.

Bringen Sie ein wenig Zeit mit, und dann lassen Sie sich von uns verwöhnen. Wir bereiten für Ihre Familie das köstlichste Festmahl - ob in vier oder in sechs Gängen, das entscheiden ganz alleine Sie.

Bitte sprechen Sie Ihr Menue mit dem Küchenchef des Hotels "Royal" ab. Es wird ihm ein Vergnügen sein, Sie zu beraten.

Und sagen Sie Ihrer Frau nichts davon. Es soll doch eine Überraschung sein!

Mit freundlichen Grüßen

Ihr

Unterschrift

PS: Und zu spülen brauchen Sie bei uns auch nicht.

Ein Versicherungsunternehmen bietet Sicherheit fürs neue Jahr

```
Auf ein gutes neues Jahr!

Sehr geehrter Herr ...,

das wünschen wir Ihnen von Herzen. Doch wird es ein gutes
oder ein schlechtes 19..? Wer weiß das schon zu sagen. Wie
sich die Zukunft entwickelt, darauf haben wir ja nur ge-
ringen Einfluß. Doch den sollten wir im neuen Jahr unbe-
dingt stärker wahrnehmen als bisher.

Zum Beispiel mit einer Lebensversicherung bei der ABC. Sie
gibt Ihnen die Sicherheit, die Ihre Familie verdient für
viele, viele Jahrzehnte.

Sprechen Sie gleich im neuen Jahr mit Ihrem Versicherungs-
fachmann Herrn ...(Name) - Tel.: 12 34 56. Er berät Sie
ausführlich und für Sie unverbindlich.

Und wenn Sie Fragen zu anderen Versicherungsformen haben,
auch dann berät Herr ... Sie gern.

Mit den besten Wünschen

Ihr

Unterschrift


Übrigens: Herr ... hält für Sie ein kleines Neujahrs-
         präsent bereit.
```

13.2 Ostern

Busreise in die Alpen

Frohe Ostern in den Bergen,

sehr geehrte Damen und Herren,

wünscht Ihnen

Ihr

Reiseunternehmen Werner

Unterschrift

Ach, Sie hatten gar nicht vor, die Ostertage in einem Sporthotel in den Österreichischen Alpen zu verbringen? Schade! Kein Skifahren in ... m Höhe? Und nicht in geselliger Runde den Tag bei einem heißen Jägertee ausklingen lassen? Wirklich schade!

Denn wir haben für Sie gerade ein besonders günstiges Angebot. Vom ...(Datum) bis zum ... (Datum): eine Woche Halbpension in dem zauberhaft winterlichen ...-Tal für sage und schreibe nur ... DM. Die An- und Abreise in unserem hochmodernen, vollklimatisierten Reisebus - versteht sich - ist im Preis inbegriffen. Jammerschade.

Aber vielleicht überlegen Sie es sich ja noch einmal. Wenn Sie doch an unserer Osterfahrt teilnehmen möchten, rufen Sie uns an - Tel.: 12 34 56. Wir reservieren Ihnen gerne eine Woche Winterspaß im Sporthotel "Enzian".

Eierkocher zu Ostern

Gehören Sie auch zu den Menschen, die Zeit- und Energieverschwendung nicht für Romantik halten?

Sehr geehrte Frau ...,

dann sind Sie es sicherlich auch leid, stundenlang vor Ostern kaltes Wasser zu erhitzen und zuzusehen, wie ein Ei nach dem anderen platzt.

Zeit- und Energieaufwand sind zu groß, als daß Sie Ihre Ostereier noch wie bei Großmutter in mühevoller Handarbeit kochen sollten. Wo es doch jetzt den neuen vollautomatischen Eierkocher von ABC gibt! Er kocht alle Ostereier auf die Sekunde genau.

Und Sie können sich in der Zwischenzeit einige hübsche Motive zur Bemalung ausdenken. Vor allem aber, wenn Sie zehn Eier kochen, dann bleiben es auch zehn ganze Eier - nicht eines zerplatzt.

Machen Sie sich die Freude: Holen Sie sich den Eierkocher von ABC. Ein Kauf, der sich lohnt, nicht nur zur Osterzeit.

Mit freundlichen Grüßen

Ihr

Unterschrift

PS: Den Ostereierkocher von ABC finden Sie in jedem
    guten Elektrogeschäft oder in den Fachabteilungen
    der Warenhäuser.

13.3 Valentinstag

Schmuck, das Geschenk der Liebe

Bitte nicht vergessen!

Sehr geehrter Herr ...,

am ... (Datum) ist Valentinstag. Schenken Sie Ihrer Liebsten doch in diesem Jahr etwas Besonderes. Schenken Sie ihr Schmuck.

Machen Sie Ihrer Herzensdame zum Valentinstag die Freude. Sagen Sie ihr ein kleines Danke für die schöne Zeit zu zweit. Und überreichen Sie ihr einen Ring, einen Armreif oder eine Kette.

Edle Metalle, Steine oder Perlen sind seit altersher die würdigsten Geschenke der Liebe. Auch die moderne Frau weiß ihren Wert zu schätzen.

Kommen Sie zu Breuninger. Dort finden Sie eine glänzende Auswahl an feinstem Schmuck. Sie werden dabei feststellen: Es muß nicht teuer sein, einen guten Geschmack zu beweisen.

Wir beraten Sie gerne!

Mit freundlichen Grüßen

Ihr

Unterschrift

Ein Blumengeschäft wirbt mit einer Märchenimitation

Es war einmal eine wunderschöne Frau,

sehr geehrter Herr ...,

die führte mit ihrem Mann eine wunderschöne Ehe. Jeden Tag aufs neue verliebten sich beide ineinander. Ja, ihre Liebe wurde sogar von Tag zu Tag größer.

Sie hatte für seine Arbeit und seine Hobbys sehr viel Verständnis. Selbst wenn er abends spät nach Hause kam, sie verzieh ihm jedes Mal.

Dafür schenkte er ihr bisweilen Perlen und Kleider, Bücher und Schallplatten. Doch irgend etwas fehlte, das wußte sie genau. Er aber ahnte es nicht einmal.

Sie zu fragen, wagte er nicht. Er hatte Angst, sie würde einen so unerhörten Wunsch an ihn richten, daß er ihn im Leben nicht erfüllen konnte. Also blieb er stumm. Und sie sprach ihren Wunsch nie aus. Eines Tages aber - nach vielen, vielen Jahren - fiel es ihm ein ...

Mit freundlichen Grüßen

Ihr

Unterschrift

PS: ... am ... (Datum) ist Valentinstag. Was sich Frauen dann am meisten wünschen: Blumen - natürlich! Vom Blumenlädchen in der Königsstraße 12.

14 Gratulationen und Glückwünsche an Stammkunden

Mit diesen Briefen können Sie einer Geschäftsbeziehung einen persönlichen, vielleicht sogar privaten Charakter geben. Sie zeigen Ihren Stammkunden und Geschäftspartnern, daß Sie in ihnen nicht nur den Käufer sehen.

14.1 Weihnachten und Neujahr

Mit Muße die Feiertage verleben

Ein frohes Weihnachtsfest und ein glückliches neues Jahr,

sehr geehrter Herr ...,

das wünsche ich Ihnen und Ihrer Familie von ganzem Herzen! Nach all den Tagen voller Hektik und Streß freut man sich doch wieder auf das große Fest im Kreise der Lieben.

Endlich hat man wieder ein wenig mehr Zeit für die privaten Dinge des Lebens und kann sich mit Muße auf das neue Jahr vorbereiten.

Ich wünsche Ihnen, daß Ihre Erwartungen für 19.. in Erfüllung gehen.

Mit besten Grüßen

Ihr

Unterschrift

Dankschreiben mit Präsent

Frohe Weihnachten und ein erfolgreiches 19..!

Sehr geehrter Herr ...,

ein Jahr geht zu Ende. Ein Jahr, in dem wir unsere Geschäftsbeziehung zum Vorteil beider Seiten ausbauen konnten.

Den Jahreswechsel möchte ich zum Anlaß nehmen, Ihnen herzlich für die vortreffliche Zusammenarbeit mit Ihrem Unternehmen zu danken. Ich bin zuversichtlich, daß wir auch im kommenden Jahr die positive Entwicklung fortsetzen können, die wir so erfolgreich begonnen haben.

Als Dankeschön für das Vertrauen, das Sie in uns gesetzt haben, sende ich Ihnen dieses ... (Präsent). Ich hoffe, es trifft Ihren Geschmack.

Bitte übermitteln Sie auch Ihrer Familie meine besten Wünsche für das Weihnachtsfest und für das neue Jahr!

Mit freundlichen Grüßen

Ihr

Unterschrift

14.2 Geburtstag

Gratulation mit Präsent

Herzlichen Glückwunsch zum 50. Geburtstag!

Sehr geehrter Herr ...,

meine besten Wünsche begleiten Sie in das neue Lebensjahrzehnt. Mögen sich all Ihre Hoffnungen, die privaten wie die geschäftlichen, in naher Zukunft erfüllen.

Erlauben Sie mir an Ihrem Festtag ein privateres Wort. Ich bin sehr froh darüber, daß die Zusammenarbeit mit Ihnen und Ihrem Unternehmen sich so erfolgreich gestaltet.

Dies liegt vor allem an Ihrer Geduld und an Ihrem großen menschlichen Verständnis. Selbst in schwierigen Zeiten, die wir auch schon gemeinsam erleben mußten, gab mir Ihre Zuversicht stets neuen Mut und neues Vertrauen in unsere gemeinsame Kraft.

Ich danke Ihnen für die faire Partnerschaft, die wir mit Ihnen und Ihrem Unternehmen pflegen durften.

Bitte verstehen Sie dieses ... (Präsent) als Würdigung Ihrer Leistungen.

Mit den besten Wünschen

Ihr

Unterschrift

Gratulation mit Absage

Zum 50. Geburtstag wünsche ich Ihnen,

sehr geehrter Herr ...,

Glück, Gesundheit und Erfolg! Verleben Sie im Kreise Ihrer Familie und Freunde einen festlichen Ehrentag.

Leider kann ich an Ihrer Feier nicht teilnehmen, weil ... (Begründung). Ich hoffe freilich, Sie verzeihen mir mein Fernbleiben. In Gedanken werde ich bei Ihnen sein.

Als Dank für die gute Partnerschaft überreiche ich Ihnen dieses ... (Präsent). Es wäre schön, wenn es Ihnen Freude bereitete.

Aus der Ferne proste ich Ihnen zu:

Leben Sie wohl - noch viele Jahrzehnte!

Mit freundlichen Grüßen

Ihr

Unterschrift

14.3 Firmenjubiläum

Gratulation

Herzlichen Glückwunsch zum 25jährigen Bestehen!

Sehr geehrter Herr ...,

seit 25 Jahren stellt Ihr Unternehmen Werkzeuge her. Angefangen hat alles in dem kleinen Hinterhof in der Turmgasse 9.
Und heute? Heute arbeiten Menschen mit Ihrem Qualitätswerkzeug in der ganzen Welt. Überall dort, wo hochwertige Schraubenzieher, Zangen und Schlüssel verlangt werden, da findet man Ihre Produkte.

Die Anzahl der Beschäftigten ist von damals ... auf ... gestiegen. Schon daran erkennt man die Kontinuität Ihres Erfolges.

Ich wünsche Ihnen und Ihren Mitarbeiterinnen und Mitarbeitern, daß die ABC-Werke auch in Zukunft ihren Platz auf dem Weltmarkt behaupten werden.

Viel Freude bei Ihrer Jubiläumsveranstaltung!

Mit den besten Grüßen

Ihr

Unterschrift

Würdigung des Geschäftspartners

Glück und Erfolg für die nächsten 25 Jahre!

Sehr geehrter Herr ...,

eine stolze Leistung liegt hinter Ihnen. Seit 25 Jahren führen Sie nun Ihre Firma zu immer größeren Erfolgen. Sie haben die ABC-Werke gegründet und zu einem modernen leistungsfähigen Unternehmen gemacht.

Durch Ihre Einsicht in die Prozesse wirtschaftlicher Veränderung konnten Sie Ihr Unternehmen bis in unsere Tage sicher lenken. Sie gehörten bereits zu den *innovativen* Führungspersönlichkeiten, als noch niemand das Wort kannte. Und - mit Verlaub - wahrscheinlich haben Sie sich um solche Modebegriffe auch nie gekümmert. Dafür war Ihnen Ihre Zeit zu kostbar.

Gewiß werden Sie Ihre Zeit auch in Zukunft intensiv für die weitere Entwicklung Ihres Unternehmens einsetzen. Ich wünsche Ihnen, daß all Ihre Pläne in Erfüllung gehen.

Für die hervorragende Zusammenarbeit danke ich Ihnen mit diesem ... (Präsent).

Mit freundlichen Grüßen

Ihr

Unterschrift

15 Ihre Geschäftspost – Werbebriefe, die nichts kosten

Die alltägliche Geschäftspost kann nicht den Werbebrief ersetzen. Sie kann seiner Wirkung jedoch schaden, wenn sie nicht kundenorientiert verfaßt wird. Und wer die Korrespondenz nur als notwendiges Übel versteht, verschenkt sogar bares Geld.

Umsätze werden dort erzielt, wo Geschäftspartner miteinander richtig kommunizieren. Also: in Verkaufsgesprächen, in Telefonaten, aber eben auch in der tagtäglichen Korrespondenz – der Nahtstelle zwischen Kunde und Unternehmen.

Das gilt natürlich auch, wenn Sie selbst Kunde sind und sich, zum Beispiel, beschweren müssen. Sagen Sie deutlich Ihre Meinung, aber – schimpfen Sie nicht. Und – geben Sie die Chance zur Verständigung! Denken Sie daran: Der Lieferant, den Sie vielleicht zu kritisieren haben, könnte morgen Ihr Kunde sein.

15.1 Begleitbrief zur Rechnung

```
Sehr geehrter Herr ...,

nochmals danken wir Ihnen für Ihren Auftrag über ... Wir
hoffen, die Lieferung entsprach genau Ihren Wünschen.

Bitte denken Sie daran: Wenn Sie weitere Produktinforma-
tionen wünschen oder eine technische Beratung, rufen Sie
uns an. Wir sind immer für Sie da.

Mit den besten Wünschen für einen guten Umsatz mit ...
(Produktname)

Ihr

Unterschrift


Anlage
Rechnung
```

15.2 Angebotsunterstützung nach Vertreterbesuch gegen die Konkurrenz

Nach dem Besuch unseres Herrn Breuer in Ihrem Hause am ...,

sehr geehrte Frau ...,

haben wir uns natürlich gefragt, wie wir Sie auch in Zukunft von der hervorragenden Qualität unserer Produkte überzeugen können.

Doch da Sie seit ... (Anzahl) Jahren mit unserem ... (Produktname) zufrieden arbeiten, kennen Sie die tatsächlichen Vorzüge der ABC-Produkte gegenüber Billigartikeln.

Wir garantieren Ihnen zudem einen Service und eine Kundenbetreuung, die Ihnen jederzeit helfen, eventuelle Probleme unverzüglich zu beseitigen. Denn Sie sollen mit unserem ... (Produktname) immer zufrieden sein.

Wenn Sie auch der Ansicht sind, daß sich die Kundenbetreuung und das Know-how unserer Fachleute für Sie bezahlt machen, dann schenken Sie Ihr Vertrauen auch weiterhin unseren Produkten.

Mit den besten Wünschen für unsere gute Geschäftsbeziehung

Ihr

Unterschrift

15.3 Auftragsbestätigung

Für Ihren Auftrag vom ...,

sehr geehrter Herr ...,

danken wir Ihnen. Was wir Ihnen versprochen haben, werden unsere Produkte halten. Schon am ... (Liefertermin) können Sie sich davon überzeugen.

Falls Sie Fragen zur optimalen Anwendung haben - bitte denken Sie daran: Unser Kundendienst ist immer für Sie da. Ihr Anruf genügt!

Wir wünschen Ihnen schon jetzt viel Freude an Ihrem neuen ... (Produktname)!

Mit den besten Grüßen

Ihr

Unterschrift

15.4 Lieferverzug

Ihr Auftrag vom ...
Sitzgruppe *Rondo*

Sehr geehrter Herr ...,

gern würden wir Ihnen mit diesem Brief die Lieferung Ihrer neuen Sitzgruppe ankündigen. Doch leider sind wir in arge Bedrängnis geraten:

Unser Sonderpreis und die hervorragende Qualität dieser Sitzgruppe hat uns weitaus mehr Bestellungen beschert, als wir eingeplant hatten.

Nun möchten wir selbstverständlich nicht, daß die Qualität unserer Möbel einer übereilten Fertigung geopfert wird. Darum bitten wir Sie um ein wenig Geduld.

Der voraussichtliche Liefertermin ist der ... (Datum). Dann erhalten Sie *Rondo* in der Qualität, die Sie erwarten.

Im voraus vielen Dank für Ihr Verständnis!

Mit freundlichen Grüßen

Ihr

Unterschrift

15.5 Reklamationsbeantwortung

Zwischenbescheid

Ihr Schreiben vom ...

Sehr geehrte Frau ...,

vielen Dank für Ihren Hinweis. Die zurückgeschickte Ware haben wir zur Prüfung an unsere technische Abteilung weitergeleitet.

Bitte haben Sie noch ein wenig Geduld. Das Ergebnis der Untersuchung werden wir Ihnen in den nächsten Tagen mitteilen.

Mit freundlichen Grüßen

Ihr

Unterschrift

Endgültiger Bescheid

Ihr Hinweis vom ...

Sehr geehrte Frau ...,

Sie haben recht: Es ist äußerst ärgerlich, wenn in unserem Beleuchtungssystem neue Leuchtmittel schon nach kurzer Zeit platzen.

Unsere technische Abteilung ist diesem Problem nachgegangen und hat den Fehler gefunden. Die Leuchtmittel selbst sind schuld an Ihrem Ärger.

Ihr Elektriker hat leider nicht die Original-ABC-Leuchtmittel eingesetzt, sondern Produkte eines anderen Herstellers. Mit den Leuchtmitteln, die wir empfehlen, arbeitet Ihr Beleuchtungssystem einwandfrei.

Leider können wir für den Schaden nicht aufkommen. Wir bieten Ihnen aber an, alle Leuchtmittel gegen die vorgesehenen auszutauschen - zu einem günstigen Preis.

Unser Außendienst-Mitarbeiter wird Sie in den nächsten Tagen besuchen und mit Ihnen darüber reden.

Mit freundlichen Grüßen

Ihr

Unterschrift

15.6 Anmahnung einer Auftragsausführung

Kaufvertrag Nr. ... vom ..., Büromöbel Typ "Eleganz"

Sehr geehrte Damen und Herren,

im Verkaufsgespräch - Sie erinnern sich - hatte uns Ihr Berater sofortige Lieferung versprochen; was für uns in Frage kam, sei vorrätig. Später stellte sich heraus: Nichts war vorrätig. Statt dessen schrieben Sie in den Kaufvertrag: Lieferung: 37. Woche.

Das bedeutete eine Lieferzeit von sechs Wochen. Mit dem Ausdruck "sofortige Lieferung" kann man das wohl nicht bezeichnen.

Gut, damit haben wir uns abgefunden. Aber nun war die 37. Woche da, und wir hörten - nichts von Ihnen. Ein Anruf bei Ihnen ergab: Herr ..., unser freundlicher Berater, war im Urlaub; eine Vertretung gab es nicht. Erst nach langem Hin un Her entschloß sich der Abteilungsleiter, Herr ..., uns wissen zu lassen, daß leider mit einer Lieferverzögerung von acht Wochen zu rechnen sei. So ganz genau könne man das allerdings nicht sagen.

Wir sind nicht bereit, diese Kundenbehandlung und diesen späten - noch dazu sehr vagen - Termin zu akzeptieren. Bitte bestätigen Sie uns schriftlich, daß Sie nun bis zur 40. Woche liefern werden. Wenn Sie das nicht tun oder, bei Bestätigung, den Termin wieder nicht einhalten, werden wir unseren Auftrag mit sofortiger Wirkung zurückziehen.

Ihre Antwort auf diesen Brief erwarten wir bis zum 20.09...

Eine Panne kann überall einmal passieren; also nehmen wir sie auch Ihnen nicht übel. Aber dann muß es schon selbstverständlich sein, daß man alle Hebel in Bewegung setzt, um die Dinge in Ordnung zu bringen. Den Eindruck, daß Sie diesen selbstverständlichen Weg gehen wollen, haben wir bisher nicht gewonnen. Bitte korrigieren Sie unseren Eindruck.

Mit freundlichem Gruß

Unterschrift

15.7 Mahnung

Zur Erinnerung,

sehr geehrter Herr ...,

schicken wir Ihnen eine Kopie der offenen Rechnung vom ... (Datum).

Bitte überweisen Sie ... DM bis zum ... (Datum) auf eines unserer Konten.

Im voraus vielen Dank!

Mit freundlichen Grüßen

Ihr

Unterschrift

Anlage
Rechnungskopie

Da das Geschäftsleben immer hektischer wird,

sehr geehrter Herr ...,

kann man leicht etwas vergessen. Darum haben wir Ihnen eine Kopie unserer offenen Rechnung vom ... (Datum) mitgeschickt.

Wir freuen uns, wenn Sie uns in den nächsten Tagen ... DM überweisen.

Sollte sich Ihre Überweisung mit unserem Schreiben gekreuzt haben, dann schenken Sie dieser Erinnerung bitte keine Beachtung.

Auf eine weiterhin gute Geschäftsbeziehung!

Ihr

Unterschrift

16 10 Tips für Ihren erfolgreichen Werbebrief

1. Schreiben Sie nach Möglichkeit nicht mehr als eine Briefseite.

2. Formulieren Sie überwiegend kurze Sätze und Absätze.

3. Vermeiden Sie Fremdwörter und Fachausdrücke, die Ihre Leser nicht verstehen.

4. Seien Sie sparsam mit gestalterischen Hervorhebungen.

5. Erleichtern Sie Ihren Kunden die Kontaktaufnahme mit Ihrem Unternehmen (Antwortkarte, Absender, Telefonnummer, Ansprechpartner, Besuchstermin usw.).

6. Definieren Sie die Zielgruppe und deren Bedürfnisse so präzise wie möglich.

7. Schreiben Sie in der Sprache Ihrer Zielgruppe.

8. Schaffen Sie mit der Sprache eine angemessene Atmosphäre für das Produkt.

9. Denken Sie das Produkt nicht aus der Perspektive des Verkäufers, sondern aus der des Kunden.

10. Haben Sie Mut.

17 Stichwortverzeichnis

Angebot	9	Marken-Bewußtsein	13
Anlässe, besondere	61	Marketing-Konzept	13
Anti-Werbung	9	Messe	48
Architektur	14	Motive	12
Assoziation	12	Musik	12
business-to-business	13	Nachfaßbrief	48
		Niedrig-Preise	13
Desktop-Publishing	16	Personal Computer	16
Empfinden	16	Preis	13
Endverbraucher	13	Presseinformation	56
Erlebniswelt	34	PS	12, 16
Funktionalität	14	Qualität	13
		Selbstverständnis	14
Geschäftskorrespondenz	9, 74	Sonderaktionen	34
Gestaltung	16, 17	Spannungsfeld	15
Glückwünsche	68	Sprache	9
Gratulationen	68	Sprachebene	15
		Sprachstil	14
Image	9, 13, 14, 15	Stil	14, 15
Informationen	14		
		Umsatz	74
Kaufbedürfnis	10	Umschlag	16
Kaufimpulse	39	Veröffentlichung	39
Kommunikation	9		
Korrespondenz	9, 74	W-Fragen	56
Kundenkontakt	48		
Kundenorientiert	11	Zahlungserinnerung	9
Kundenpflege	9	Zielgruppe	14, 15, 16, 19
Leistungen	39	Zielgruppenanalyse	16

Erfolgreiche Kommunikation:

WRS-Praxis-Ratgeber

Von der Bewerbung bis zur Kündigung
Musterbriefe, Tips und Hilfen für Schreiben des Arbeitnehmers zu allen betrieblichen Anlässen
von Dipl.-Kfm. Jens Born
WRS-Mustertexte Band 11
DM 19,80   Bestell-Nr. 07.14

Erfolgreicher Stellenwechsel
Chancen und Risiken auf dem Weg zur Karriere
von Willi Meinders, WRS-Ratgeber-Reihe
DM 19,80   Bestell-Nr. 46.04

Arbeitszeugnisse ausstellen und beurteilen
Beispiele und Formulierungshilfen für die Praxis
von Prof. Dr. jur. K. Dietz
WRS-Mustertexte Band 1
DM 19,80   Bestell-Nr. 40.12

Positiv Managen
Mitarbeiter-Qualitäten wirkungsvoll aktivieren
von Hartwig Martin Herbst
WRS-Chef-Reihe
DM 29,80   Bestell-Nr. 01.41

WRS-Audio-Kassetten

Kommunikations-Training für Führungskräfte
von Hartwig Martin Herbst
Tonkassette mit Begleitheft
ca. 40 Minuten
DM 29,80   Bestell-Nr. 83.41

WRS Verlag · Wirtschaft · Recht und Steuern